SINCRONISMO UNIVERSAL

Na Era Digital

Katia Doria Fonseca Vasconcelos

Dedicação

É com imensa gratidão que apresento este novo capítulo da jornada literária, " Sincronismo Universal", e compartilho com todos vocês, queridos leitores.

Que este livro, " Sincronismo Universal", seja uma fonte de inspiração e reflexão, levando vocês a embarcarem em uma jornada repleta de descobertas e aprendizados. Que cada página desta obra desperte a curiosidade, a empatia e a vontade de explorar o universo do coração humano e das complexidades da existência.

Com dedicação e paixão por escrever sobre equilíbrio, tecnologia e desenvolvimento pessoal, espero que este livro seja capaz de tocar seus corações e inspirar uma busca pelo aprimoramento contínuo e pela compreensão da importância de respeitar as diferenças e nutrir o amor e a bondade em nossas vidas.

Grata por me acompanharem nesta jornada literária, e que juntos possamos continuar a desbravar novos horizontes de sabedoria e autoconhecimento.

Com carinho,

Katia Doria Fonseca Vasconcelos

Introdução

Na era digital em que vivemos, somos testemunhas de uma revolução tecnológica sem precedentes. A sociedade atual está cada vez mais interconectada, com pessoas ao redor do mundo se comunicando instantaneamente e compartilhando informações em uma escala global. A tecnologia avançada permeia todos os aspectos de nossas vidas, desde o trabalho até o entretenimento, e tem impactado profundamente a forma como percebemos o mundo.

Neste livro, "Sincronismo Universal: Na Era Digital", exploraremos a fascinante intersecção entre a evolução tecnológica e os princípios quânticos da física, que têm o potencial de abrir novos horizontes para a compreensão de nós mesmos e do universo que habitamos. Esta obra não pretende ser apenas um relato científico, mas também uma jornada filosófica em busca de uma visão mais abrangente de nossa existência.

A Era Digital e a Interconexão

A era digital trouxe uma crescente interconexão entre os seres humanos e a tecnologia. A internet e as mídias sociais tornaram-se os pilares da comunicação moderna, permitindo que informações fluam livremente e instantaneamente entre pessoas de diferentes culturas e contextos. A comunicação digital transcende barreiras geográficas e culturais, criando uma rede global de interação e compartilhamento de conhecimento.

Pesquisas científicas têm mostrado o impacto dessa interconexão na forma como percebemos o mundo e em nossa cognição. Estudos sobre a influência das mídias sociais nas relações interpessoais indicam que a comunicação virtual pode afetar nossas emoções e a construção de nossas identidades digitais. Além disso, o advento da realidade virtual tem aprofundado nossa capacidade de imersão em experiências digitais, ampliando nossa percepção da realidade.

A Importância da Abordagem Filosófica e Científica

Ao abordar o tema do Sincronismo Universal, é fundamental reconhecer a relevância tanto da filosofia quanto da ciência. A filosofia, ao longo da história, tem sido uma ferramenta poderosa para explorar questões fundamentais sobre a existência humana, o universo e nossa relação com ele. Ela nos convida a questionar e refletir sobre a natureza da realidade, nossas percepções e as estruturas que moldam nossas crenças.

A ciência, por sua vez, oferece uma abordagem objetiva e metodológica para investigar os fenômenos do mundo natural e do cosmos. Com base em evidências empíricas e experimentos rigorosos, a ciência nos permite entender os mecanismos e padrões subjacentes que governam o funcionamento do universo. A física quântica, em particular, tem se destacado como um campo que desafia nossa compreensão convencional da realidade.

Ao unir essas duas perspectivas, a filosofia e a ciência, buscamos uma abordagem holística para explorar o conceito do Sincronismo Universal. Não se trata de aceitar cegamente teorias esotéricas ou conjecturas infundadas, mas sim de aplicar um olhar crítico e embasado para compreender as possíveis interconexões entre os avanços tecnológicos, a física quântica e nossa própria existência.

Assim, convidamos o leitor a embarcar nessa jornada rumo ao Sincronismo Universal, explorando as fronteiras do conhecimento e abrindo a mente para novas possibilidades. O próximo capítulo nos levará a uma exploração mais profunda dos fundamentos da física quântica e como ela desafia nossas concepções tradicionais do universo.

SUMÁRIO

A Revolução Quântica E Sua Influência Em Nossa Percepção De Realidade

A Revolução Quântica: A física quântica é, indubitavelmente, uma das conquistas mais extraordinárias do pensamento humano, desafiando nossa compreensão convencional do universo. Neste capítulo, mergulharemos nos fundamentos da física quântica e exploraremos como ela revolucionou de forma profunda nossa visão do mundo e de nós mesmos.

O Que É A Física Quântica?

A física quântica é a teoria fundamental que descreve o comportamento das partículas subatômicas, tais como elétrons e fótons, assim como as forças fundamentais da natureza, incluindo a gravidade e o eletromagnetismo. Seu desenvolvimento no início do século XX foi uma resposta aos desafios apresentados por fenômenos que a física clássica não era capaz de explicar plenamente.

Ao contrário da física clássica, que descreve o mundo macroscópico com leis determinísticas, a física quântica é probabilística em sua essência. Ela introduz conceitos revolucionários, como a superposição, em que uma partícula pode existir em diversos estados simultaneamente, e o emaranhamento, em que duas partículas podem permanecer interligadas de forma inseparável, mesmo quando separadas por grandes distâncias.

O Observador E O Comportamento Das Partículas

Um dos aspectos mais instigantes da física quântica é o papel do observador no processo. Conforme a teoria, a mera observação de uma partícula pode afetar diretamente o seu comportamento. O icônico experimento da dupla fenda, por exemplo, revela que uma partícula, como um elétron ou um fóton, pode se comportar tanto como uma onda quanto como uma partícula, dependendo se está sendo observada ou não.

Essa dualidade onda-partícula desafia nossa intuição sobre como o mundo deve funcionar. O ato de observar parece ter o poder de influenciar a realidade da partícula, lançando luz sobre profundas questões filosóficas acerca da natureza da existência e da intrincada relação entre o observador e o observado.

A Decoerência E A Métrica Da Realidade: A decoerência é um conceito central na física quântica que explica como as partículas perdem suas características quânticas ao interagir com o ambiente, tornando-se parte da realidade clássica. Essa transição é essencial para nossa compreensão da realidade objetiva no mundo macroscópico, onde os objetos exibem um comportamento previsível e determinístico.

A decoerência desempenha um papel

crucial na métrica da nossa experiência do mundo. As interações entre partículas quânticas e o ambiente provocam um efeito de medição indireta, fundamental para a percepção que temos da realidade externa. É por meio desse mecanismo que a física quântica se conecta ao mundo macroscópico, fornecendo a base para a compreensão de como nossa realidade emerge a partir das intrincadas interações quânticas subjacentes.

Compreender a decoerência nos permite explicar por que não percebemos as superposições quânticas ou os emaranhamentos no cotidiano. Através dessa análise, a física quântica revela-se como uma revolução científica que desafia nossa visão clássica do mundo, ao mesmo tempo que nos abre para novas reflexões sobre a relação entre a realidade objetiva e nossa percepção dela.

A Necessidade De Métricas Para A Percepção De Realidade

Como seres humanos, dependemos de métricas para compreender e interpretar o vasto mundo que nos cerca. Nossos sentidos são limitados, e, para superar essa limitação, empregamos ferramentas e instrumentos que nos permitem medir e quantificar aspectos do universo que não podemos perceber diretamente. Essas métricas fornecem alicerces sólidos para nossa compreensão da realidade objetiva, possibilitando-nos tomar decisões informadas em nosso cotidiano.

A busca por métricas precisas e confiáveis tem sido uma constante na história da ciência. Galileu Galilei, figura proeminente da história científica, foi um dos pioneiros no uso da matemática para descrever o movimento dos corpos celestes, fornecendo uma estrutura quantitativa para a física clássica. Essa abordagem métrica foi de fundamental importância para o desenvolvimento da ciência moderna.

Entretanto, a física quântica apresentou desafios significativos à nossa necessidade de métricas precisas. Fenômenos quânticos, tais como a dualidade onda-partícula e o emaranhamento, não se encaixam facilmente em nosso entendimento clássico do mundo, onde as partículas são descritas por posições e estados bem definidos. A natureza probabilística da física quântica torna difícil prever com certeza o comportamento de partículas subatômicas.

Porém, a física quântica também nos presenteou com uma nova abordagem métrica para a compreensão da realidade. Em vez de se limitar apenas a métricas clássicas, a física quântica nos convida a explorar a natureza probabilística dos sistemas quânticos. Em vez de determinar posições e estados precisos para as partículas, trabalhamos com distribuições de probabilidade que refletem nossa incerteza inerente sobre a realidade quântica.

Essa abordagem métrica probabilística se mostra especialmente relevante quando lidamos com sistemas complexos e interações quânticas. Por meio de técnicas avançadas, como a mecânica quântica matricial e a mecânica quântica de segunda quantização, somos capazes de descrever sistemas com múltiplas partículas e estados emaranhados, proporcionando uma visão mais completa e robusta da realidade quântica.

Portanto, essa nova abordagem métrica da física quântica nos desafia a repensar nossas intuições clássicas e nos convida a explorar a natureza complexa e interconectada do universo. Ao aceitarmos a natureza probabilística e indeterminada da realidade quântica, reconhecemos que nossa percepção da realidade é construída através de interações intrincadas entre o observador e o observado.

Essa revolução quântica tem implicações profundas em nossa compreensão do tempo e do espaço na era digital. A tecnologia da informação, com seu poder de processamento e conectividade, oferece uma nova perspectiva para a aplicação das métricas probabilísticas da física quântica em nosso cotidiano.

Na era digital, a capacidade de coletar e analisar grandes quantidades de dados nos permite explorar fenômenos complexos e criar modelos probabilísticos para descrever sistemas interconectados. Isso nos possibilita avançar em campos como a inteligência artificial e o aprendizado de máquina, onde as incertezas e a aleatoriedade dos fenômenos quânticos podem ser utilizadas para aprimorar algoritmos e tomar decisões mais informadas.

Além disso, a era digital nos permite

compartilhar informações e conhecimentos de forma instantânea e global, aproximando a humanidade e criando uma consciência coletiva sobre as descobertas da física quântica e suas implicações filosóficas. A colaboração global e o acesso amplo à informação possibilitam que mais mentes brilhantes colaborem para desvendar os mistérios da física quântica e sua influência em nossa percepção de realidade.

À medida que mergulhamos mais fundo nessa interseção entre a revolução quântica e a era digital, somos levados a questionar os limites da nossa compreensão, tanto do microcosmo quântico quanto do macrocosmo digital. Novas perspectivas emergem, ampliando nossa compreensão sobre a existência, o universo e nossa relação com ele.

Nesse contexto, nosso livro "Sincronismo Universal: Na Era Digital" busca explorar essas fascinantes conexões entre a revolução quântica e a transformação digital, proporcionando uma jornada repleta de descobertas e reflexões sobre a natureza da realidade, a percepção do mundo que nos cerca e o papel do ser humano como observador e participante desse intricado tecido cósmico.

Compreender a influência da física quântica em nossa percepção de realidade é essencial para abraçarmos a complexidade da existência e embarcarmos em uma busca por conhecimento mais profundo e significativo. Somente ao integrar esses avanços científicos com a sabedoria milenar e a consciência coletiva, poderemos vislumbrar uma Sincronismo Universal que transcende as fronteiras do conhecimento e nos conduz a novos horizontes de compreensão e evolução.

Assim, convido o leitor a acompanhar a jornada que se inicia neste livro, em que unimos a revolução quântica à era digital, explorando as fronteiras do conhecimento e contemplando o infinito universo de possibilidades que se revelam diante de nossos olhos. Embarquemos juntos nessa busca pela Sincronismo Universal, rumo a uma compreensão mais profunda e iluminada da nossa existência neste vasto cosmos.

O SINCRONISMO UNIVERSAL: A INTERCONEXÃO PROFUNDA ENTRE A MENTE E O UNIVERSO

Neste capítulo, adentraremos nas profundezas do sincronismo universal, uma abordagem filosófica que nos conduz à compreensão de como tudo no universo está intrinsecamente interligado, transcendendo as fronteiras do tempo e do espaço. Fundamentado em princípios da física quântica, esse conceito oferece uma perspectiva única sobre a natureza da realidade e a influência da mente humana na manifestação do mundo ao nosso redor.

A BASE QUÂNTICA DO SINCRONISMO UNIVERSAL

A física quântica nos revela que a realidade é muito mais fluida e mutável do que imaginávamos. Partículas subatômicas, como elétrons e fótons, podem existir em estados de superposição, assumindo simultaneamente múltiplas possibilidades até que sejam observadas. Essa natureza probabilística da realidade, aliada ao fenômeno do emaranhamento quântico, onde partículas distantes permanecem interconectadas instantaneamente, transcende as fronteiras da percepção convencional.

É nesse contexto que o sincronismo universal encontra sua base: a interconexão profunda e inseparável de todas as coisas no universo. Os elementos fundamentais do cosmos estão intrinsecamente ligados, independentemente da distância e do tempo, sugerindo que há uma rede invisível que permeia toda a existência. A física quântica nos permite vislumbrar essa rede, onde cada evento está entrelaçado com todos os outros.

A DECOERÊNCIA E A CRIAÇÃO DA REALIDADE

Através do processo de decoerência, a física quântica nos mostra como a realidade se materializa por meio da observação. Quando uma partícula é observada, ela "decide" em qual estado se manifestar, e todas as outras possibilidades desaparecem. Esse ato da observação pela mente humana é fundamental para a criação da nossa base de realidade. A maneira como interpretamos e atribuímos significado aos eventos ao nosso redor molda a realidade que experienciamos.

O sincronismo universal reconhece a mente humana como um elemento ativo nesse processo. A percepção individual e a cognição criam uma lente única através da qual interpretamos e interagimos com o mundo. Nossas experiências, pensamentos e emoções influenciam a forma como a realidade se desdobra diante de nós, fazendo com que cada ser humano crie sua própria base de realidade.

A SINCRONICIDADE E A EXPANSÃO DA CONSCIÊNCIA

Nesse paradigma do sincronismo universal, a sincronicidade ganha destaque. Sincronicidade é a ocorrência de eventos aparentemente coincidentes, sem relação de causa e efeito, mas que possuem um significado profundo para o observador. Esses eventos conectados por uma "inteligência não local" parecem ser guiados por essa teia invisível que interliga tudo no universo.

A mente humana, em seu papel de observador ativo, pode sintonizar-se com essa rede de conexões e acessar, de certa forma, eventos futuros através da intuição e da sensibilidade. A mente torna-se uma ferramenta poderosa de criação, influenciando as possibilidades que se desdobram em nossa realidade.

O sincronismo universal, portanto, não apenas nos convida a compreender nossa conexão inata com o cosmos, mas também nos impulsiona a explorar os recônditos de nossa consciência. Ao ampliar nossa percepção e abraçar essa intrincada interconexão, podemos viver em maior harmonia com o universo e com os outros seres humanos.

A SABEDORIA DO SINCRONISMO UNIVERSAL

A filosofia do sincronismo universal nos ensina que somos parte de uma teia cósmica, em que nossas ações e pensamentos reverberam pelo universo. Ao reconhecer nossa conexão intrínseca com tudo o que existe, somos convidados a agir com compaixão, empatia e respeito, reconhecendo que cada ser e cada evento estão entrelaçados em uma dança harmoniosa de possibilidades.

Em última instância, o sincronismo universal nos instiga a explorar nossos potenciais interiores, reconhecendo que a mente humana é um instrumento de criação e manifestação da realidade. Ao abraçar essa sabedoria, podemos trilhar um caminho de autodescoberta e autoaperfeiçoamento, buscando a sincronicidade em nossa jornada através do vasto e misterioso universo.

A SINCRONIA TÓXICA NO MUNDO DIGITAL: O DESAFIO DA EVOLUÇÃO

O mundo digital, uma criação humana sem precedentes, tornou-se um espaço de interação e compartilhamento de informações em escala global. No entanto, sob a aparente conexão e avanços, emergiu um fenômeno preocupante: a sincronia tóxica. Nesse contexto, conteúdos negativos e caóticos parecem atrair de forma desproporcional nossa atenção e engajamento, enquanto informações de harmonia, paz e felicidade muitas vezes são deixadas de lado.

Esse padrão comportamental levanta importantes questionamentos sobre a forma como utilizamos o mundo digital e as consequências disso em nossa sociedade e bem-estar coletivo. A busca incessante por conteúdos negativos pode ser atribuída a fatores psicológicos e sociais que influenciam nossas escolhas e percepções online.

O cérebro humano tem uma tendência natural a dar maior importância a estímulos negativos, uma vez que esses estímulos podem ser percebidos como ameaças à nossa segurança e sobrevivência. Desastres, tragédias e notícias caóticas ativam mecanismos de alerta, provocando uma resposta emocional imediata e uma sensação de urgência em compartilhar essas informações com outras pessoas.

Além disso, o compartilhamento de notícias negativas é mais rápido e fácil, contribuindo para sua rápida propagação nas redes sociais. A relevância imediata desses conteúdos também pode levar à falsa impressão de que notícias negativas são mais importantes ou mais relevantes do que notícias positivas e construtivas.

A competitividade e a comparação social também desempenham um papel significativo nesse fenômeno.

O mundo digital nos expõe constantemente aos sucessos e conquistas de outras pessoas, criando uma mentalidade de escassez e inveja. A busca incessante por "likes", "curtidas" e interações pode levar a um ciclo vicioso, onde o sucesso é medido em termos de popularidade, em vez de valor intrínseco ou impacto positivo.

Essa busca incessante por conteúdos negativos e a comparação constante com outras pessoas levam a uma "sincronia tóxica", onde o caos e a intolerância parecem prevalecer. O mundo digital se torna um espaço repleto de discórdia, polarização e sensacionalismo, onde as métricas de sucesso são frequentemente baseadas na quantidade de interações que conteúdos negativos recebem.

Diante desse cenário, é essencial refletir sobre como podemos nos adequar e utilizar o potencial do mundo digital de forma mais construtiva e evolutiva. Devemos reconhecer que a busca por conteúdos negativos e a comparação constante não nos leva a uma evolução significativa como seres inteligentes.

É necessário desenvolvermos habilidades de discernimento e crítica em relação aos conteúdos que consumimos. Ao nos tornarmos mais conscientes de nossas escolhas e intenções ao interagir no mundo digital, podemos evitar a disseminação de informações falsas e prejudiciais.

Ao invés de nos deixarmos levar pela "sincronia tóxica", podemos promover uma cultura online mais saudável, empática e harmoniosa. Compartilhar notícias positivas, promover a empatia, valorizar conquistas genuinamente e reconhecer o valor intrínseco de cada indivíduo podem ser formas de reverter essa tendência e promover um ambiente digital mais construtivo e inspirador.

O mundo digital apresenta inúmeras possibilidades de conectividade e aprendizado. Se nos tornarmos mais conscientes e intencionais em nossas escolhas, poderemos explorar esse espaço virtual para aprimorar nossa compreensão do mundo, promover a evolução coletiva e encontrar significado nas conexões e interações que construímos.

Assim, ao nos afastarmos da "sincronia tóxica" e abraçarmos uma mentalidade de crescimento, podemos utilizar o potencial do mundo digital para promover uma verdadeira evolução como seres inteligentes e construir um futuro digital mais promissor e positivo para todos. O caminho da evolução está em nossas mãos, e a escolha é nossa.

Transformando a "Sincronia Tóxica" em Evolução Positiva na Era Digital

Na Era Digital, onde a interconexão entre os indivíduos é mais ampla do que nunca, é imperativo enfrentar o desafio da "sincronia tóxica". Essa tendência perturbadora de dar mais atenção a conteúdos negativos, caóticos e sensacionalistas no mundo digital está impactando negativamente nossa existência coletiva. No entanto, ao compreendermos nossa influência sobre a Sincronismo Universal, podemos reprogramar nossa mente e promover uma evolução positiva na sociedade digital.

A Base da Sincronismo Universal

A Sincronismo Universal é a essência da interconexão de todas as coisas no universo. Ela transcende tempo e espaço, ligando-nos a cada ser vivo e fenômeno. Nossos pensamentos, emoções e ações são fios que tecem essa teia cósmica, e compreender essa interdependência é o ponto de partida para moldar um ambiente digital mais construtivo e harmonioso.

EXPANSÃO DA CONSCIÊNCIA: UMA JORNADA DE DESCOBERTA

A chave para reverter a "sincronia tóxica" está na expansão da consciência. Abraçar a jornada de descobrir novas perspectivas, questionar crenças limitantes e transcender o ego é essencial para criar uma presença digital mais positiva. A empatia e a compaixão surgem naturalmente quando nos conectamos às experiências e sentimentos dos outros, formando um terreno fértil para uma convivência mais saudável.

REPROGRAMANDO A MENTE PARA A POSITIVIDADE

Reprogramar nossa mente é um processo contínuo que exige autodisciplina e autocompaixão. Devemos reconhecer como nossa atenção é capturada por conteúdos tóxicos e fazer escolhas intencionais para mudar essa dinâmica. Ao substituirmos a busca por notícias negativas pelo desejo de encontrar informações construtivas e inspiradoras, contribuímos para uma "sincronia positiva".

Tornando-nos criadores ativos de conteúdos edificantes, inspiramos outros a adotar uma abordagem mais construtiva no mundo digital. Compartilhar histórias de esperança, inovação e impacto social é um poderoso meio de contribuir para uma cultura digital mais saudável e encorajadora.

GRATIDÃO E AUTOCUIDADO: PILARES PARA O BEM-ESTAR DIGITAL

Praticar a gratidão nos ajuda a valorizar as conquistas e o sucesso dos outros, em vez de sentir inveja ou ameaça. O cultivo de um estado de gratidão promove a positividade e nos permite resistir ao chamado de conteúdos tóxicos, focando em informações que promovam bem-estar e crescimento pessoal.

O autocuidado é outro pilar importante nessa jornada. Manter uma mente equilibrada e saudável é essencial para enfrentar os desafios do mundo digital sem ser consumido pelo caos. Ao cuidarmos de nós mesmos, estamos mais preparados para promover a positividade em nossas interações online.

CONSTRUINDO UMA NOVA REALIDADE DIGITAL

Cada indivíduo desempenha um papel fundamental na construção de uma nova realidade digital. Ao adotarmos uma visão mais elevada de conexão e compreensão mútua, contribuímos para uma verdadeira evolução coletiva. Ao alinharmos nossas ações com essa visão, podemos promover um mundo digital mais alinhado com o potencial mais elevado da Sincronismo Universal.

A mudança começa dentro de cada um de nós. Ao sermos conscientes da nossa influência na Sincronismo Universal e agirmos de acordo com essa consciência, criamos um ambiente digital mais significativo e positivo para todos. Nessa jornada de transformação, nossas interações online se tornam uma oportunidade para promover uma convivência mais saudável e harmoniosa, refletindo uma evolução verdadeira na Era Digital.

Ao enfrentarmos o desafio da "sincronia tóxica" na Era Digital, podemos redescobrir o potencial transformador da Sincronismo Universal. Compreendendo nossa conexão com o todo e reprogramando nossa mente com a expansão da consciência, temos em nossas mãos o poder de construir um mundo digital mais edificante e alinhado com nossos valores mais elevados.

Juntos, podemos moldar uma sociedade digital mais empática, harmoniosa e positiva, onde cada indivíduo contribui para a construção de uma "sincronia positiva". Essa jornada de evolução coletiva nos desafia, mas também nos inspira a aproveitar o potencial ilimitado do mundo digital para criar uma realidade mais significativa e conectada. A mudança começa em cada um de nós, e é na interseção da Sincronismo Universal e da Era Digital que encontramos a possibilidade de uma evolução verdadeira e profunda.

EXPLORAR APLICAÇÕES PRÁTICAS PARA A TEORIA DO SINCRONISMO UNIVERSAL NA VIDA COTIDIANA

A teoria do Sincronismo Universal não é apenas uma abstração filosófica, mas também uma abordagem prática para aprimorar nossa existência na era digital e além. Ao discutir os conceitos teóricos, é essencial oferecer aos leitores exemplos concretos de como podem incorporar essas ideias em sua vida cotidiana para alcançar uma experiência mais positiva e significativa.

1. Meditação da Interconexão: Uma prática de meditação pode ser apresentada, focada na ideia de interconexão entre todos os seres e o universo. Os leitores são guiados a refletir sobre sua interdependência com o mundo ao seu redor, desenvolvendo um senso mais profundo de conexão e

empatia.

2. Mindfulness Digital: Oferecer orientações sobre como praticar o mindfulness ao interagir com a tecnologia é fundamental. Os leitores podem ser encorajados a serem mais conscientes de suas ações online, a adotarem pausas regulares e a avaliarem a qualidade de sua presença digital.

3. Exercícios de Empatia: Apresentar exercícios práticos para desenvolver a empatia pode ajudar os leitores a compreenderem melhor as perspectivas dos outros e a cultivar relacionamentos mais saudáveis no mundo digital. Isso pode incluir a prática de escuta ativa e a colocação no lugar do outro.

4. Gratidão Digital: Incentivar a prática da gratidão no ambiente

digital é essencial para contrapor a tendência de focar nas coisas negativas. Os leitores podem ser encorajados a criar listas de gratidão específicas para suas experiências digitais, reconhecendo as conexões significativas que encontram.

5. Conscientização do Impacto Digital: Incentivar a reflexão sobre o impacto que nossas ações têm no mundo digital é vital. Os leitores podem ser convidados a considerar como suas postagens, comentários e compartilhamentos afetam a comunidade online e como podem ser mais conscientes ao expressar suas opiniões.

6. Práticas de Desconexão Digital: Discutir a importância de estabelecer limites saudáveis para o uso da tecnologia e propor atividades de desconexão digital

pode ajudar os leitores a equilibrarem sua presença online com momentos de autocuidado e conexão com o mundo offline.

Ao fornecer exemplos concretos e práticos de como aplicar a teoria do Sincronismo Universal em sua vida cotidiana, o livro capacita os leitores a efetivamente incorporarem esses princípios em suas ações e comportamentos, incentivando a evolução positiva em sua relação com o mundo digital e além. Essas práticas podem levar a uma maior harmonia, empatia e conexão com o universo, resultando em uma existência mais significativa e alinhada com a essência da Sincronismo Universal.

A ERA DA EXPANSÃO CONSCIENTE DA SINCRONISMO UNIVERSAL

Através do estudo mais aprofundado, especialistas em física quântica, filosofia, psicologia e tecnologia pode enriquecer significativamente as perspectivas apresentadas no livro "Sincronismo Universal na Era Digital". Ao ouvir as vozes de profissionais experientes em diferentes áreas, os leitores serão expostos a visões diversas e embasadas, aprofundando sua compreensão da teoria e sua aplicação no contexto da era digital.

Existem vários filósofos e pensadores que abordam a importância de se cercar de pessoas e conexões positivas no meio social. Alguns deles incluem:

Filósofos:

1. Aristóteles: O filósofo grego Aristóteles acreditava na importância da amizade e das

relações sociais para uma vida feliz e virtuosa. Ele argumentava que a amizade é essencial para o bem-estar humano e que amigos verdadeiros são uma fonte de apoio emocional e intelectual.

2. Epicuro: Epicuro, filósofo grego fundador da escola filosófica conhecida como o epicurismo, enfatizava a importância da amizade e do convívio harmonioso com os outros como componentes fundamentais para alcançar a tranquilidade e a felicidade na vida.

3. Confúcio: O pensador chinês Confúcio enfatizava a importância das relações sociais, da ética e da moralidade. Ele ensinava sobre a necessidade de cultivar boas relações interpessoais baseadas na compaixão, respeito e responsabilidade.

4. Martin Buber: O filósofo judeu Martin Buber desenvolveu a filosofia do "Eu-Tu", que enfatiza a importância das relações

autênticas e significativas com os outros. Ele defendia que as conexões humanas genuínas são fundamentais para uma vida plena e significativa.

5. Jean-Paul Sartre: Sartre, filósofo existencialista francês, argumentava que a intersubjetividade é uma parte essencial da experiência humana. Ele enfatizava que a existência do ser humano está inseparavelmente ligada à existência dos outros, e nossas relações sociais desempenham um papel importante em nossa identidade e sentido de si mesmo.

6. Simone de Beauvoir: A filósofa francesa Simone de Beauvoir, também associada ao existencialismo, explorou temas de liberdade, responsabilidade e relacionamentos interpessoais. Ela enfatizava a importância de assumir a responsabilidade por nossas escolhas e

relacionamentos, buscando autenticidade nas conexões com os outros.

Esses são apenas alguns exemplos de filósofos que discutiram a importância de se cercar de pessoas e conexões positivas no meio social. Cada filósofo traz perspectivas únicas sobre o assunto, mas todos concordam que nossas relações interpessoais desempenham um papel significativo em nossa vida e bem-estar.

Físicos Quânticos:

Vários físicos quânticos têm abordado a relação entre a física quântica e o ser humano, enfatizando a interconexão e a influência mútua no universo. Alguns desses físicos incluem:

1. David Bohm: O físico teórico David Bohm desenvolveu uma interpretação da mecânica quântica conhecida como a "Interpretação de Bohm". Ele argumentou que a realidade é

fundamentalmente interconectada e que as partículas subatômicas podem estar entrelaçadas de maneira não local, o que sugere uma profunda interconexão no tecido do universo.

2. Fritjof Capra: Embora não seja um físico quântico em si, Fritjof Capra é um físico teórico que escreveu extensivamente sobre as conexões entre a física quântica e a espiritualidade. Em seu livro "O Tao da Física", ele explora as semelhanças entre os conceitos da física quântica e as filosofias orientais, enfatizando a interconexão e a unidade de todas as coisas.

3. Amit Goswami: O físico quântico Amit Goswami é conhecido por suas contribuições para a compreensão da consciência e da espiritualidade sob a perspectiva da física quântica. Ele argumenta que a consciência é fundamental e que a física quântica pode oferecer

uma nova compreensão do papel da mente na criação da realidade.

4. Nick Herbert: O físico teórico Nick Herbert escreveu sobre a conexão entre a física quântica e a mente humana. Em seu livro "Elemental Mind", ele explora a possibilidade de que a mente e a consciência possam estar ligadas a fenômenos quânticos no cérebro.

5. Henry Stapp: Henry Stapp é um físico quântico conhecido por seu trabalho sobre a interpretação de Copenhague da mecânica quântica. Ele argumenta que a mente e a consciência desempenham um papel fundamental na medição quântica e que a realidade é cocriada pelo observador e o observado.

Esses físicos quânticos têm perspectivas variadas sobre a relação entre a física quântica e o ser humano, mas todos exploram a ideia de interconexão e influência mútua no universo. Suas ideias desafiam a visão tradicional de uma realidade objetiva e destacam a importância da consciência e da mente na compreensão do universo.

Psicólogos:

Alguns psicólogos renomados e especializados em consciência e espiritualidade que têm uma perspectiva sobre a relação entre a expansão da consciência, a prática espiritual e a teoria do Sincronismo Universal incluem:

1. Stanislav Grof: Stanislav Grof é um psiquiatra e psicoterapeuta conhecido por seu trabalho com estados alterados de consciência e experiências transcendentais. Ele desenvolveu uma abordagem terapêutica conhecida como "Respiração Holotrópica", que usa técnicas de respiração e música para facilitar a expansão da consciência e o acesso a estados mais profundos do ser.

2. Carl Jung: Embora Carl Jung não

fosse especificamente um psicólogo espiritual, ele explorou amplamente a relação entre a psicologia e a espiritualidade. Jung cunhou o termo "sincronicidade", que se refere a eventos significativos e aparentemente não relacionados que ocorrem em simultâneo, sugerindo uma conexão profunda entre a mente e o universo.

3. Richard Alpert (Ram Dass): Richard Alpert, também conhecido como Ram Dass, foi um psicólogo e espiritualista que estudou a relação entre a psicologia e a espiritualidade. Após experimentar uma mudança de perspectiva durante viagens à Índia, ele se tornou um defensor da meditação, da expansão da consciência e da conexão com a espiritualidade universal.

4. Jack Kornfield: Jack Kornfield é um psicólogo clínico e autor que se dedica ao estudo do Budismo e da

prática da meditação. Ele explora a relação entre a espiritualidade e o bem-estar mental, argumentando que a meditação e a prática espiritual podem levar a uma maior conexão com o universo e com os outros seres humanos.

5. Rupert Sheldrake: Embora seja principalmente conhecido como biólogo, Rupert Sheldrake também aborda questões relacionadas à consciência e à espiritualidade. Ele propôs a ideia de "ressonância mórfica", que sugere uma interconexão entre todas as formas de vida e a influência mútua entre indivíduos e o universo.

Esses psicólogos têm explorado como a expansão da consciência e a prática espiritual podem se relacionar com a teoria do Sincronismo Universal, destacando como as práticas meditativas e a autotransformação podem impactar nossa conexão com o universo e promover uma maior harmonia e compreensão de nossa existência.

Especialistas em Tecnologia e Comportamento Digital

Alguns especialistas renomados em Tecnologia e Comportamento Digital que exploraram os desafios e oportunidades da era digital em relação à teoria do Sincronismo Universal incluem:

1. Sherry Turkle: Sherry Turkle é uma professora e pesquisadora do MIT que se dedica a estudar a interação entre seres humanos e tecnologia. Ela aborda questões como a dependência de dispositivos eletrônicos, a solidão causada pelo uso excessivo de mídias sociais e os efeitos da tecnologia nas relações interpessoais. Turkle também explora a importância da conexão real em uma era digital hiper conectada e como podemos utilizar a tecnologia de forma mais consciente para promover

relacionamentos mais significativos.

2. Tristan Harris: Tristan Harris é um ex-designer ético do Google e fundador do Center for Humane Technology. Ele é um defensor da tecnologia consciente e da ética na indústria de tecnologia. Harris explora como as mídias sociais e outras plataformas digitais podem manipular nosso comportamento e influenciar negativamente nossa percepção de realidade. Ele promove a ideia de projetar produtos e serviços digitais que incentivem a conexão positiva e autêntica, em vez de explorar mecanismos viciantes e prejudiciais.

3. Cal Newport: Cal Newport é um professor de ciência da computação e autor que examina os efeitos da tecnologia na produtividade e no bem-estar mental. Em seus livros, ele argumenta que a busca constante

por notificações e o uso excessivo de mídias sociais podem comprometer nossa capacidade de concentração e criatividade. Newport propõe uma abordagem mais consciente para o uso da tecnologia, incentivando períodos de desconexão e foco em atividades significativas.

4. Cathy O'Neil: Cathy O'Neil é uma matemática e autora que explora a influência dos algoritmos e da inteligência artificial na sociedade. Ela aborda como as tecnologias digitais podem reforçar vieses e desigualdades sociais, e como a busca por engajamento nas redes sociais pode levar à disseminação de desinformação e polarização. O'Neil incentiva a utilização da tecnologia de forma ética e consciente para promover uma sociedade mais justa e equitativa.

Esses especialistas renomados têm contribuído para o debate sobre a aplicação da teoria do Sincronismo

Universal na era digital. Eles examinam os desafios e as oportunidades apresentadas pela tecnologia e como podemos utilizar essas ferramentas de forma consciente para promover a interconexão positiva e evitar armadilhas de sincronia tóxica, buscando uma utilização mais ética e significativa da tecnologia em nossas vidas.

Reflexões

Aqui estão algumas reflexões filosóficas mais profundas sobre a natureza da existência, a relação entre mente e universo, e como a tecnologia pode afetar nossa percepção de realidade:

1. Natureza da Existência: A filosofia sempre se debruçou sobre a questão fundamental da natureza da existência. O Sincronismo Universal sugere que tudo no universo está interconectado, transcendendo tempo e espaço. Essa interconexão nos leva a questionar a separação entre nós e

o mundo ao nosso redor. Pode-se refletir sobre como nossa percepção de realidade é moldada por nossa compreensão da existência como um todo, e como a busca por significado e propósito pode ser influenciada por essa interconexão profunda.

2. Relação entre Mente e Universo: O Sincronismo Universal propõe que a mente humana tem um papel ativo na manifestação da realidade. Nossa percepção e interpretação dos eventos ao nosso redor criam nossa própria base de realidade. Isso nos leva a questionar a natureza da mente e sua relação com o universo. Pode-se explorar como a mente, como uma faculdade de consciência, pode influenciar a realidade objetiva e como nossas experiências e cognições moldam nossa compreensão do mundo.

3. A Tecnologia e a Percepção de Realidade: A era digital trouxe

consigo uma ampla gama de tecnologias que moldam nossa percepção de realidade. A realidade virtual, por exemplo, pode criar experiências imersivas que nos fazem questionar o que é real e o que é simulado. A hiper conectividade e a disseminação rápida de informações através da tecnologia também podem afetar nossa compreensão da verdade e da realidade objetiva. Nesse contexto, é importante refletir sobre como a tecnologia pode alterar nossa percepção do mundo, tanto para o bem quanto para o mal, e como podemos usar a tecnologia de forma consciente para promover uma percepção mais autêntica e significativa da realidade.

4. A Consciência Digital: A tecnologia nos permite estar constantemente conectados ao mundo digital, mas isso também pode levar a uma sobrecarga de informações e

distrações constantes. Pode-se refletir sobre como essa constante conexão digital afeta nossa consciência e nossa capacidade de estar presente no momento atual. A consciência digital nos convida a questionar como equilibrar a vida online e offline, e como cultivar uma consciência mais consciente e autêntica em um mundo digital hiper conectado.

Essas reflexões filosóficas sobre a natureza da existência, a relação entre mente e universo, e o impacto da tecnologia em nossa percepção de realidade podem enriquecer a compreensão do Sincronismo Universal na era digital. Essas questões nos desafiam a explorar nossa própria natureza como seres conscientes e como podemos utilizar a tecnologia de forma ética e consciente para promover uma compreensão mais profunda e significativa do mundo ao nosso redor.

TESTE DE AUTOAVALIAÇÃO:

INTERAÇÃO CONSCIENTE NA ERA DIGITAL

Instruções: Responda às seguintes perguntas e marque a opção que melhor descreve sua abordagem em relação à interação com o mundo digital e aos desafios da era digital.

Presença Digital:

Eu sou consciente e intencional ao usar a tecnologia para garantir que minha presença digital reflita minha identidade e valores pessoais.

a) Não considero minha presença digital de forma consciente.

b) Às vezes, presto atenção à minha presença digital.

c) Eu tento ser consciente em como me apresento no mundo digital.

d) Sou muito consciente e intencional em minha presença digital.

Equilíbrio Digital:

Eu estabeleço limites saudáveis para o tempo gasto no mundo digital, garantindo um equilíbrio entre a vida online e offline.

a) Tenho dificuldade em estabelecer limites e passo muito tempo online.

b) Tento encontrar um equilíbrio, mas às vezes me vejo excessivamente envolvido no mundo digital.

c) Consigo estabelecer limites razoáveis e equilibrar minha presença online e offline.

d) Sou altamente consciente e disciplinado em manter um equilíbrio saudável.

Respeito e Empatia Online:

Eu pratico o respeito e a empatia ao interagir com outras pessoas no ambiente digital, evitando comportamentos prejudiciais.

a) Às vezes, posso me envolver em

interações online desrespeitosas ou prejudiciais.

b) Tento ser respeitoso e empático, mas às vezes posso cometer erros.

c) Eu sou consciente e intencional em minhas interações online, buscando sempre respeitar os outros.

d) Sempre pratico o respeito e a empatia ao interagir online e evito comportamentos prejudiciais.

Sincronicidade Digital:

Eu utilizo a tecnologia de forma consciente para promover a sincronicidade positiva e conexões significativas no mundo digital.

a) Não considero a importância da sincronicidade digital em minhas interações online.

b) Às vezes, tento criar conexões significativas, mas nem sempre estou consciente disso.

c) Eu sou consciente e intencional em

promover a sincronicidade digital e criar conexões significativas.

d) Sou altamente consciente e habilidoso em promover a sincronicidade digital em todas as minhas interações.

Autocuidado Digital:

Eu pratico o autocuidado no mundo digital, protegendo minha saúde mental e emocional em relação ao conteúdo e interações online.

a) Não dou muita atenção ao meu autocuidado digital e posso ser afetado negativamente pelo conteúdo online.

b) Tento ser mais consciente, mas às vezes me vejo envolvido em interações estressantes ou prejudiciais.

c) Eu sou consciente e pratico o autocuidado digital, protegendo minha saúde mental e emocional.

d) Sou altamente consciente e proativo em proteger meu bem-estar digital, evitando conteúdos tóxicos e interações negativas.

Após responder a essas perguntas e atribuir uma pontuação a cada uma delas, some os pontos e avalie sua interação consciente na era digital:

a: 0 pontos

b: 1 ponto

c: 2 pontos

d: 3 pontos

Some os pontos e avalie sua interação consciente na era digital:

0 a 5 pontos: Há oportunidades significativas de melhorar sua interação consciente no mundo digital. Identifique áreas específicas em que você pode trabalhar para desenvolver uma abordagem mais consciente e saudável em relação à tecnologia.

6 a 10 pontos: Você está no caminho certo, mas ainda há espaço para aprimorar sua interação consciente na

era digital. Continue focando e praticando uma abordagem mais consciente em suas atividades online.

11 a 15 pontos: Parabéns! Você demonstrou uma abordagem altamente consciente e equilibrada em relação ao mundo digital. Continue aplicando essa conscientização em todas as suas interações online e offline.

Consciência Interconectada

Instruções: Responda às seguintes perguntas e marque a opção que melhor descreve sua abordagem em relação à consciência interconectada e sua percepção sobre a interconexão entre todos os seres e eventos no universo.

Compreensão da Interconexão:

Eu acredito na interconexão entre todos os seres e eventos no universo, reconhecendo que nossas ações e escolhas têm impacto em um todo maior.

a) Não considero a interconexão entre os seres e eventos no universo.

b) Às vezes, reflito sobre a possibilidade de interconexão, mas não a compreendo completamente.

c) Eu acredito na interconexão e tento aplicá-la em minha vida.

d) Tenho uma compreensão profunda da interconexão e aplico esse conceito em todas as áreas da minha vida.

Empatia e Compaixão:

Eu pratico empatia e compaixão em minhas interações com outras pessoas, reconhecendo que somos todos parte de uma teia interconectada de relacionamentos.

a) Não considero a importância da empatia e compaixão em minhas interações com outras pessoas.

b) Tento ser empático e compassivo, mas nem sempre consigo aplicar esses princípios consistentemente.

c) Eu me esforço para ser empático e compassivo em minhas interações com outras pessoas.

d) Sou altamente empático e compassivo, buscando sempre compreender e apoiar os outros de forma genuína.

Responsabilidade Ambiental:

Eu reconheço minha responsabilidade em relação ao meio ambiente e tomo medidas para proteger e preservar a natureza.

a) Não considero minha responsabilidade em relação ao meio ambiente.

b) Às vezes, tento tomar medidas para proteger o meio ambiente, mas não as mantenho consistentemente.

c) Eu sou consciente da minha responsabilidade e tomo medidas concretas para proteger o meio ambiente.

d) Sou altamente responsável e ativamente envolvido na preservação do meio ambiente.

Conexão com a Comunidade:

Eu valorizo a conexão com minha comunidade e procuro contribuir positivamente para o bem-estar coletivo.

a) Não dou muita importância à conexão com minha comunidade.

b) Às vezes, busco me conectar com a comunidade, mas nem sempre me envolvo ativamente.

c) Eu valorizo a conexão com a comunidade e procuro contribuir para o bem-estar coletivo.

d) Sou altamente envolvido e comprometido com minha comunidade, buscando sempre contribuir de forma significativa.

Consciência das Ações:

Eu sou consciente das minhas ações e escolhas, buscando alinhar minhas decisões com os princípios da consciência interconectada.

a) Não presto muita atenção às minhas ações e escolhas.

b) Às vezes, reflito sobre minhas ações, mas nem sempre as alinho com a consciência interconectada.

c) Eu sou consciente das minhas ações e procuro alinhá-las com os princípios da consciência interconectada.

d) Sou altamente consciente e comprometido em agir de acordo com os princípios da consciência interconectada.

Após responder a essas perguntas e atribuir uma pontuação a cada uma delas, some os pontos e avalie sua consciência interconectada:

a: 0 pontos

b: 1 ponto

c: 2 pontos

d: 3 pontos

Some os pontos e avalie sua consciência interconectada:

0 a 5 pontos: Há oportunidades significativas de aprimorar sua consciência interconectada. Identifique

áreas específicas em que você pode trabalhar para desenvolver uma abordagem mais consciente e interconectada em sua vida.

6 a 10 pontos: Você está no caminho certo, mas ainda há espaço para aprimorar sua consciência interconectada. Continue focando e praticando uma abordagem mais consciente em suas interações com o mundo ao seu redor.

11 a 15 pontos: Parabéns! Você demonstrou uma abordagem altamente consciente e interconectada em sua vida. Continue aplicando essa consciência em todas as suas ações e escolhas, contribuindo para um mundo mais harmonioso e interligado.

AUTENTICIDADE DIGITAL

Instruções: Responda às seguintes perguntas e marque a opção que melhor descreve sua autenticidade e integridade ao interagir e se apresentar no mundo digital.

Expressão Autêntica:

Eu me expresso autenticamente no mundo digital, mostrando quem eu sou verdadeiramente, sem máscaras ou representações falsas.

a) Não me sinto confortável em me expressar autenticamente e acabo mascarando minha verdadeira identidade.

b) Tento ser autêntico em algumas ocasiões, mas nem sempre me sinto à vontade para ser totalmente genuíno.

c) Eu me esforço para ser autêntico e honesto em minhas interações e apresentações no mundo digital.

d) Sou altamente autêntico e genuíno em todas as minhas expressões e interações no ambiente digital.

Integridade nas Publicações:

Eu mantenho a integridade nas informações e conteúdos que compartilho no mundo digital, evitando divulgar informações falsas ou enganosas.

a) Não dou muita importância à integridade das informações que compartilho, e às vezes posso compartilhar conteúdos duvidosos.

b) Tento ser cuidadoso, mas às vezes posso compartilhar informações sem verificar completamente sua veracidade.

c) Eu sou consciente e me esforço para compartilhar apenas informações precisas e confiáveis.

d) Sou altamente comprometido com a integridade e veracidade das informações que compartilho, garantindo que sejam confiáveis.

Relacionamentos Autênticos:

Eu busco construir relacionamentos autênticos e significativos no ambiente digital, cultivando conexões genuínas com outras pessoas.

a) Não dou muita importância aos relacionamentos no mundo digital e não me esforço para construir conexões genuínas.

b) Tento ser mais autêntico em meus relacionamentos, mas nem sempre consigo estabelecer conexões profundas.

c) Eu valorizo relacionamentos autênticos e procuro cultivá-los sempre que possível.

d) Sou altamente comprometido em construir relacionamentos autênticos e significativos com outras pessoas no mundo digital.

Respeito à Privacidade:

Eu respeito a privacidade de outras

pessoas no mundo digital, evitando invadir seus espaços pessoais ou compartilhar informações privadas sem permissão.

a) Não presto muita atenção à privacidade de outras pessoas e posso invadir inadvertidamente seus espaços pessoais.

b) Tento ser mais consciente da privacidade, mas às vezes posso cometer erros.

c) Eu sou respeitoso em relação à privacidade das pessoas e tomo cuidado para não invadir seus espaços pessoais.

d) Sou altamente respeitoso e cuidadoso com a privacidade de outras pessoas, garantindo que suas informações sejam protegidas.

Honestidade nas Interações:

Eu sou honesto em minhas interações no mundo digital, evitando criar personas falsas ou distorcer informações sobre mim mesmo.

a) Não me sinto confortável em ser honesto em minhas interações e acabo criando personas falsas.

b) Tento ser mais honesto, mas às vezes posso exagerar ou distorcer informações sobre mim mesmo.

c) Eu sou honesto na maioria das vezes em minhas interações e evito criar personas falsas.

d) Sou altamente honesto e genuíno em todas as minhas interações, buscando sempre apresentar-me como sou verdadeiramente.

Após responder a essas perguntas e atribuir uma pontuação a cada uma delas, some os pontos e avalie sua autenticidade digital:

a: 0 pontos

b: 1 ponto

c: 2 pontos

d: 3 pontos

Some os pontos e avalie sua autenticidade digital:

0 a 5 pontos: Há oportunidades significativas de aprimorar sua autenticidade digital. Identifique áreas específicas em que você pode trabalhar para ser mais genuíno e autêntico em suas interações e apresentações online.

6 a 10 pontos: Você está no caminho certo, mas ainda há espaço para aprimorar sua autenticidade digital. Continue focando e praticando a expressão genuína de si mesmo no mundo digital.

11 a 15 pontos: Parabéns! Você demonstrou uma abordagem altamente autêntica e íntegra no mundo digital. Continue aplicando essa autenticidade em todas as suas interações e conteúdos online, criando conexões significativas com os outros.

Resiliência Digital

Instruções: Responda às seguintes perguntas e marque a opção que melhor descreve sua resiliência digital diante dos desafios e adversidades encontrados no ambiente digital.

Adaptação a Novas Tecnologias:

Eu me adapto facilmente a novas tecnologias e plataformas digitais que surgem no cenário online.

a) Tenho dificuldade em me adaptar a novas tecnologias e prefiro ficar com o que já estou acostumado.

b) Consigo me adaptar, mas geralmente leva um tempo para me sentir confortável com novas tecnologias.

c) Sou razoavelmente ágil em me adaptar a novas tecnologias e plataformas digitais.

d) Sou altamente adaptável e rapidamente me familiarizo com novas tecnologias.

Gerenciamento de Mudanças Online:

Eu lido de forma eficaz com mudanças nos ambientes online, como atualizações de políticas, algoritmos ou layout de sites.

a) Tenho dificuldade em lidar com mudanças online e posso ficar estressado ou confuso.

b) Consigo me adaptar a mudanças, mas geralmente leva um tempo para me ajustar.

c) Sou capaz de lidar com mudanças online de forma razoável, mas às vezes posso sentir resistência.

d) Sou altamente resiliente em relação a mudanças online e as encaro como oportunidades de crescimento.

Superação de Obstáculos Digitais:

Eu lido de forma eficaz com obstáculos e desafios digitais que encontro, como problemas técnicos ou conflitos online.

a) Tenho dificuldade em superar obstáculos digitais e posso ficar frustrado ou desistir facilmente.

b) Consigo superar alguns obstáculos digitais, mas nem sempre com facilidade.

c) Sou resiliente na maioria das vezes e encontro soluções para a maioria dos desafios digitais.

d) Sou altamente resiliente e capaz de lidar com qualquer obstáculo digital que surgir.

Recuperação de Erros Digitais:

Eu me recupero facilmente de erros que cometo no ambiente digital, aprendendo com eles e seguindo em frente.

a) Tenho dificuldade em me recuperar de erros digitais e posso ficar envergonhado ou culpado.

b) Consigo me recuperar de alguns erros, mas às vezes fico remoendo a situação.

c) Sou capaz de me recuperar de erros digitais, aprendendo com eles e seguindo em frente.

d) Sou altamente resiliente em relação a erros digitais e não me deixo abalar por eles.

Frustração e Tolerância:

Eu mantenho a calma e a tolerância diante de situações frustrantes que possam surgir no ambiente digital.

a) Tenho dificuldade em controlar minha frustração e posso reagir de forma negativa.

b) Consigo manter a calma na maioria das vezes, mas às vezes me sinto incomodado.

c) Eu sou razoavelmente tolerante e consigo lidar com a maioria das situações frustrantes.

d) Sou altamente tolerante e paciente, mesmo diante de situações digitalmente desafiadoras.

Após responder a essas perguntas e atribuir uma pontuação a cada uma delas, some os pontos e avalie sua resiliência digital:

a: 0 pontos

b: 1 ponto

c: 2 pontos

d: 3 pontos

Some os pontos e avalie sua resiliência digital:

0 a 5 pontos: Há oportunidades significativas de melhorar sua resiliência digital. Identifique áreas específicas em que você pode trabalhar para se tornar mais adaptável e resiliente diante dos desafios online.

6 a 10 pontos: Você está no caminho certo, mas ainda há espaço para aprimorar sua resiliência digital. Continue focando e praticando a superação de obstáculos e mudanças online.

11 a 15 pontos: Parabéns! Você demonstrou uma alta resiliência digital. Continue aplicando essa habilidade para lidar com os desafios e adversidades encontrados no ambiente digital.

USO CONSCIENTE DAS MÍDIAS SOCIAIS

Instruções: Responda às seguintes perguntas e marque a opção que melhor descreve seu uso das mídias sociais e como você aborda essa forma de interação digital.

Consciência do Tempo Online:

Eu sou consciente do tempo que passo nas mídias sociais e evito ficar muito tempo conectado sem propósito claro.

a) Não presto atenção ao tempo gasto nas mídias sociais e posso passar horas sem perceber.

b) Às vezes, me pego perdendo a noção do tempo nas mídias sociais, mas tento limitar meu uso.

c) Sou consciente do tempo online e tento usar as mídias sociais com propósito definido.

d) Sou altamente consciente do tempo que passo nas mídias sociais e mantenho um uso equilibrado.

Conteúdo Positivo e Significativo:

Eu busco consumir e compartilhar conteúdo que seja positivo, informativo e significativo para mim e para os outros.

a) Não presto muita atenção ao tipo de conteúdo que consumo ou compartilho.

b) Tento consumir e compartilhar conteúdo positivo, mas nem sempre o faço de forma consistente.

c) Procuro conscientemente consumir e compartilhar conteúdo positivo e significativo.

d) Sou altamente seletivo com o conteúdo que consumo e compartilho, priorizando o que é positivo e relevante.

Interação Consciente:

Eu sou consciente e intencional ao interagir com outras pessoas nas mídias sociais, promovendo respeito e empatia.

a) Não presto muita atenção à forma como interajo nas mídias sociais e posso ser impulsivo em minhas respostas.

b) Tento ser mais consciente em minhas interações, mas às vezes posso reagir emocionalmente.

c) Sou consciente e intencional em promover respeito e empatia em minhas interações online.

d) Sou altamente consciente e empático em minhas interações nas mídias sociais, evitando conflitos desnecessários.

Preservação da Privacidade:

Eu tomo medidas para proteger minha privacidade e a privacidade de outras pessoas ao compartilhar informações nas mídias sociais.

a) Não me preocupo muito com minha privacidade e compartilho informações pessoais sem muita cautela.

b) Tento ser mais cuidadoso com minha privacidade, mas às vezes acabo compartilhando informações sensíveis.

c) Sou consciente e proativo em proteger minha privacidade e evito compartilhar informações delicadas.

d) Sou altamente consciente e diligente em proteger minha privacidade e a privacidade de outras pessoas.

Desconexão Consciente:

Eu faço pausas conscientes das mídias sociais quando necessário para evitar sobrecarga ou dependência excessiva.

a) Não costumo fazer pausas das mídias sociais e sinto dificuldade em me desconectar.

b) Tento fazer pausas, mas nem sempre consigo ficar longe das mídias sociais por muito tempo.

c) Sou capaz de me desconectar das mídias sociais quando necessário para preservar meu bem-estar digital.

d) Sou altamente consciente da importância de fazer pausas regulares e desfrutar do momento presente.

Após responder a essas perguntas e atribuir uma pontuação a cada uma delas, some os pontos e avalie seu uso consciente das mídias sociais:

a: 0 pontos

b: 1 ponto

c: 2 pontos

d: 3 pontos

Some os pontos e avalie seu uso consciente das mídias sociais:

0 a 5 pontos: Há oportunidades significativas de melhorar seu uso consciente das mídias sociais. Identifique áreas específicas em que você pode trabalhar para desenvolver uma abordagem mais equilibrada e positiva em relação às mídias sociais.

6 a 10 pontos: Você está no caminho certo, mas ainda há espaço para aprimorar seu uso consciente das mídias sociais. Continue focando e praticando uma abordagem mais consciente em suas atividades online.

11 a 15 pontos: Parabéns! Você demonstrou um alto nível de consciência no uso das mídias sociais. Continue aplicando essa abordagem consciente em suas interações e compartilhamentos online.

Empatia Digital

Instruções: Responda às seguintes perguntas e marque a opção que melhor descreve sua habilidade de demonstrar empatia em suas interações digitais.

Compreensão das Emoções Alheias:

Eu sou capaz de perceber e compreender as emoções das outras pessoas com quem interajo online.

a) Tenho dificuldade em perceber as emoções dos outros e muitas vezes posso interpretar erroneamente suas mensagens.

b) Tento ser mais atento, mas às vezes posso não captar completamente as emoções dos outros.

c) Sou capaz de perceber e compreender as emoções da maioria das pessoas com quem interajo online.

d) Sou altamente empático e consigo

compreender as emoções dos outros com facilidade.

Respeito às Diferenças e Opiniões:

Eu respeito as opiniões e perspectivas diferentes das minhas ao interagir com outras pessoas no ambiente digital.

a) Tenho dificuldade em aceitar opiniões diferentes e posso ser intolerante com quem pensa de forma distinta da minha.

b) Tento ser mais aberto, mas às vezes posso me sentir desconfortável com perspectivas contrárias.

c) Sou respeitoso na maioria das vezes, mas posso ter dificuldades com opiniões muito divergentes.

d) Sou altamente respeitoso e acolho as diferenças de opiniões, valorizando a diversidade de pensamentos.

Empatia em Conflitos Digitais:

Eu demonstro empatia mesmo em situações de conflito ou discordância online.

a) Tenho dificuldade em manter a empatia durante conflitos e posso responder de forma agressiva.

b) Tento ser mais empático, mas às vezes me envolvo em discussões emocionais.

c) Sou empático na maioria das vezes, mas posso encontrar dificuldades em momentos de tensão.

d) Sou altamente empático e consigo manter a calma e a compreensão mesmo em situações conflituosas.

Apoio e Consolo Online:

Eu ofereço apoio e consolo a pessoas que estão passando por momentos difíceis nas redes sociais e na internet.

a) Raramente ofereço apoio ou consolo e posso não saber como ajudar os outros online.

b) Tento ser mais solidário, mas às vezes não sei como expressar meu apoio adequadamente.

c) Eu ofereço apoio e consolo a pessoas que precisam na maioria das vezes, mas às vezes posso não encontrar as palavras certas.

d) Sou altamente solidário e efetivo em oferecer apoio e consolo a pessoas que estão enfrentando dificuldades online.

Praticando a Escuta Ativa:

Eu pratico a escuta ativa, prestando atenção genuína às pessoas com quem interajo online.

a) Tenho dificuldade em praticar a escuta ativa e muitas vezes posso me distrair facilmente.

b) Tento ser mais atento, mas às vezes posso não dar a devida atenção durante as conversas digitais.

c) Pratico a escuta ativa na maioria das vezes, mas posso melhorar minha habilidade de concentração.

d) Sou altamente atento e pratico a

escuta ativa com eficiência durante minhas interações digitais.

Após responder a essas perguntas e atribuir uma pontuação a cada uma delas, some os pontos e avalie sua empatia digital:

a: 0 pontos

b: 1 ponto

c: 2 pontos

d: 3 pontos

Some os pontos e avalie sua empatia digital:

0 a 5 pontos: Há oportunidades significativas de melhorar sua empatia digital e habilidade de se conectar emocionalmente com os outros online. Identifique áreas específicas em que você pode trabalhar para desenvolver uma abordagem mais empática e compreensiva em suas interações digitais.

6 a 10 pontos: Você está no caminho certo, mas ainda há espaço para aprimorar sua empatia digital. Continue focando e praticando uma abordagem mais empática em suas atividades online.

11 a 15 pontos: Parabéns! Você demonstrou uma habilidade alta de empatia digital e se conecta emocionalmente com os outros de forma genuína. Continue aplicando essa empatia em todas as suas interações online para criar conexões significativas.

MINDFULNESS DIGITAL

Instruções: Responda às seguintes perguntas e marque a opção que melhor descreve sua prática de mindfulness no uso das tecnologias digitais.

Consciência do Uso Excessivo:

Eu sou consciente quando estou passando muito tempo usando dispositivos digitais e navegando na internet.

a) Não presto muita atenção ao tempo que passo em dispositivos digitais.

b) Às vezes, percebo que estou passando muito tempo online, mas nem sempre tomo medidas para reduzir.

c) Sou consciente e faço esforços para limitar meu uso excessivo de dispositivos digitais.

d) Sou altamente consciente e disciplinado em equilibrar meu tempo entre o mundo digital e o offline.

Atenção Plena nas Interações Online:

Eu pratico a atenção plena durante minhas interações com outras pessoas no ambiente digital.

a) Raramente presto atenção plena durante interações online e posso me distrair facilmente.

b) Tento ser mais atento, mas às vezes me envolvo em outras atividades ao mesmo tempo.

c) Sou atento na maioria das vezes, mas posso melhorar minha concentração em algumas situações.

d) Sou altamente atento e pratico a atenção plena durante minhas interações digitais.

Pausas para Recarregar:

Eu faço pausas conscientes ao longo do dia para descansar dos dispositivos digitais e relaxar a mente.

a) Raramente faço pausas conscientes e posso me sentir mentalmente exausto.

b) Tento fazer pausas, mas às vezes me pego preso em atividades online por longos períodos.

c) Faço pausas conscientes na maioria das vezes, mas posso esquecer ocasionalmente.

d) Sou altamente consciente e faço pausas regulares para recarregar minha mente e corpo.

Controle do Impulso Digital:

Eu tenho controle sobre o impulso de verificar constantemente as notificações e redes sociais.

a) Tenho dificuldade em controlar o impulso e frequentemente me sinto compelido a verificar as notificações.

b) Tento ser mais consciente, mas às vezes sou levado a verificar as redes sociais sem necessidade.

c) Consigo controlar a maioria das vezes, mas às vezes cedo ao impulso de verificar.

d) Sou altamente consciente e disciplinado em controlar o impulso de verificar constantemente.

Mindful do Conteúdo Online:

Eu sou seletivo e consciente sobre o tipo de conteúdo que consumo online, priorizando informações úteis e saudáveis.

a) Não sou muito seletivo e consumo uma grande variedade de conteúdo sem pensar muito sobre sua qualidade.

b) Tento ser mais consciente, mas às vezes acabo consumindo conteúdos que não são relevantes ou saudáveis.

c) Sou seletivo na maioria das vezes, mas posso melhorar na escolha de conteúdos mais úteis e saudáveis.

d) Sou altamente consciente e proativo em consumir conteúdos online que são relevantes e benéficos.

Após responder a essas perguntas e atribuir uma pontuação a cada uma delas, some os pontos e avalie sua prática de mindfulness digital:

a: 0 pontos

b: 1 ponto

c: 2 pontos

d: 3 pontos

Some os pontos e avalie sua prática de mindfulness digital:

0 a 5 pontos: Há oportunidades significativas de melhorar sua prática de mindfulness digital e desenvolver uma maior consciência do uso das tecnologias. Identifique áreas específicas em que você pode trabalhar para cultivar mais mindfulness em suas atividades online.

6 a 10 pontos: Você está no caminho certo, mas ainda há espaço para aprimorar sua prática de mindfulness

digital. Continue focando e praticando a atenção plena em suas atividades online.

11 a 15 pontos: Parabéns! Você demonstrou uma prática sólida de mindfulness digital e está consciente de como usa as tecnologias. Continue aplicando esse mindfulness para ter uma relação mais saudável e equilibrada com o mundo digital.

Equilíbrio Digital E Vida Offline

Instruções: Responda às seguintes perguntas e marque a opção que melhor descreve o equilíbrio entre o uso digital e sua vida offline.

Tempo de Desconexão:

Eu reservo tempo regularmente para desconectar de dispositivos digitais e me envolver em atividades offline.

a) Raramente reservo tempo para desconectar e me sinto constantemente ligado aos dispositivos digitais.

b) Tento desconectar ocasionalmente, mas nem sempre faço isso de forma consistente.

c) Reservo tempo para desconectar na maioria das vezes, mas posso esquecer ocasionalmente.

d) Sou disciplinado em reservar tempo para desconectar e valorizo minha vida offline tanto quanto a vida digital.

Atividades Offline Significativas:

Eu me envolvo regularmente em atividades offline que considero significativas e enriquecedoras.

a) Raramente me envolvo em atividades offline significativas e muitas vezes fico entediado.

b) Tento me envolver em atividades offline, mas nem sempre encontro coisas significativas para fazer.

c) Faço atividades offline significativas na maioria das vezes, mas posso melhorar na variedade de opções.

d) Sou altamente consciente e criativo em me envolver em atividades offline que considero significativas.

Relacionamentos e Conexões Pessoais:

Eu priorizo relacionamentos pessoais e interações face a face em vez de depender exclusivamente das interações digitais.

a) Muitas das minhas interações sociais

são apenas online, e raramente priorizo encontros presenciais.

b) Tento equilibrar interações online e offline, mas às vezes dependo demais das plataformas digitais.

c) Valorizo relacionamentos pessoais, mas também reconheço a importância das interações digitais.

d) Priorizo interações pessoais e valorizo a conexão face a face acima das interações exclusivamente digitais.

Conscientização do Bem-Estar Offline:

Eu sou consciente do meu bem-estar emocional e mental no ambiente offline e procuro cuidar de mim mesmo nessa área.

a) Raramente presto atenção ao meu bem-estar offline e posso negligenciar meus sentimentos e necessidades emocionais.

b) Tento ser mais consciente do meu bem-estar, mas nem sempre priorizo cuidar de mim mesmo.

c) Sou consciente do meu bem-estar offline na maioria das vezes, mas posso melhorar na autorreflexão.

d) Sou altamente consciente e proativo em cuidar de meu bem-estar emocional e mental offline.

Integração do Digital e Offline:

Eu integro de forma equilibrada as tecnologias digitais em minha vida offline, usando-as para complementar minhas atividades e interesses.

a) Raramente integro o mundo digital em minha vida offline e vejo essas duas áreas como separadas.

b) Tento encontrar integração, mas nem sempre consigo equilibrar adequadamente as duas áreas.

c) Integrar o digital e o offline é algo que faço na maioria das vezes, mas posso melhorar nessa habilidade.

d) Sou altamente consciente e habilidoso em integrar o digital e o offline de forma equilibrada e harmoniosa.

Após responder a essas perguntas e atribuir uma pontuação a cada uma delas, some os pontos e avalie seu equilíbrio digital e vida offline:

a: 0 pontos

b: 1 ponto

c: 2 pontos

d: 3 pontos

Some os pontos e avalie seu equilíbrio digital e vida offline:

0 a 5 pontos: Há oportunidades significativas de melhorar o equilíbrio entre o digital e a vida offline. Identifique áreas específicas em que você pode trabalhar para desenvolver uma relação mais equilibrada entre essas duas áreas.

6 a 10 pontos: Você está no caminho certo, mas ainda há espaço para aprimorar o equilíbrio digital e a vida offline. Continue focando e praticando uma abordagem mais equilibrada em relação ao uso das tecnologias.

11 a 15 pontos: Parabéns! Você demonstrou um alto nível de equilíbrio digital e vida offline. Continue aplicando esse equilíbrio para ter uma relação saudável e significativa com o mundo digital e offline.

Impacto Positivo Na Era Digital

Instruções: Responda às seguintes perguntas e marque a opção que melhor descreve o impacto positivo que você busca criar na era digital.

Propósito e Contribuição Digital:

Eu busco usar minha presença digital para contribuir positivamente com outras pessoas, oferecendo valor e conhecimento significativos.

a) Raramente considero meu propósito digital e não me preocupo em contribuir positivamente.

b) Tento oferecer valor, mas nem sempre estou ciente de como posso contribuir de maneira significativa.

c) Eu sou consciente e intencional em oferecer contribuições valiosas para os outros na era digital.

d) Busco ativamente criar um impacto positivo e significativo, compartilhando conhecimentos e experiências enriquecedoras.

Empoderamento Digital:

Eu busco capacitar outras pessoas a usarem a tecnologia de maneira positiva e responsável para melhorar suas vidas.

a) Raramente considero o empoderamento digital dos outros e não me envolvo nessa área.

b) Tento incentivar outras pessoas, mas nem sempre sei como ajudá-las a se empoderar digitalmente.

c) Sou consciente e intencional em capacitar outras pessoas a usarem a tecnologia de forma positiva.

d) Busco ativamente empoderar outras pessoas, orientando-as sobre o uso responsável e benéfico da tecnologia.

Inclusão e Diversidade Digital:

Eu me esforço para criar um ambiente digital inclusivo, onde todas as pessoas se sintam respeitadas e representadas.

a) Raramente considero a importância da inclusão e diversidade digital em minhas interações online.

b) Tento ser mais consciente, mas nem sempre estou atento às questões de inclusão e diversidade.

c) Eu sou consciente e intencional em criar um ambiente digital inclusivo e respeitoso.

d) Busco ativamente promover a inclusão e diversidade digital, defendendo a representação equitativa de todas as vozes.

Iniciativas de Impacto Social:

Eu participo ou apoio iniciativas de impacto social na era digital, buscando fazer a diferença na vida das pessoas e comunidades.

a) Raramente me envolvo em iniciativas de impacto social e não vejo a conexão entre tecnologia e mudança social.

b) Tento apoiar causas, mas nem sempre encontro iniciativas de impacto social alinhadas aos meus interesses.

c) Eu sou consciente e intencional em apoiar iniciativas de impacto social que fazem a diferença.

d) Busco ativamente participar e promover iniciativas de impacto social, usando a tecnologia como uma ferramenta para mudança positiva.

Responsabilidade Digital:

Eu assumo a responsabilidade por minhas ações e palavras no ambiente digital, evitando disseminar informações prejudiciais ou falsas.

a) Raramente me preocupo com a responsabilidade digital e posso compartilhar informações sem verificar sua veracidade.

b) Tento ser mais consciente, mas nem sempre me dou conta do impacto das minhas ações online.

c) Eu sou consciente e intencional em ser responsável em minhas interações e compartilhamento de informações.

d) Busco ativamente ser uma fonte confiável e responsável no ambiente digital, promovendo a disseminação de informações precisas e úteis.

Após responder a essas perguntas e atribuir uma pontuação a cada uma delas, some os pontos e avalie seu impacto positivo na era digital:

a: 0 pontos

b: 1 ponto

c: 2 pontos

d: 3 pontos

Some os pontos e avalie seu impacto positivo na era digital:

0 a 5 pontos: Há oportunidades significativas de melhorar seu impacto positivo na era digital. Identifique áreas específicas em que você pode trabalhar para criar um impacto mais significativo

e benéfico.

6 a 10 pontos: Você está no caminho certo, mas ainda há espaço para aprimorar seu impacto positivo na era digital. Continue focando e praticando ações que contribuam para um ambiente digital mais positivo e inclusivo.

11 a 15 pontos: Parabéns! Você demonstrou um alto nível de impacto positivo na era digital. Continue aplicando sua influência para fazer a diferença e criar um ambiente digital melhor para todos.

Cultivo De Relacionamentos Digitais Saudáveis

Instruções: Responda às seguintes perguntas e marque a opção que melhor descreve como você cultiva relacionamentos saudáveis no ambiente digital.

Autenticidade e Transparência:

Eu sou autêntico e transparente nas minhas interações online, expressando minha verdadeira personalidade e opiniões.

a) Raramente me mostro autêntico ou transparente, preferindo manter uma imagem idealizada.

b) Tento ser mais autêntico, mas às vezes hesito em expressar minha verdadeira opinião.

c) Sou consciente e intencional em ser autêntico na maioria das vezes.

d) Sou completamente autêntico e

transparente, agindo com sinceridade em todas as minhas interações online.

Respeito às Diferenças:

Eu respeito as opiniões e perspectivas diferentes das minhas, evitando conflitos desnecessários e promovendo o diálogo construtivo.

a) Raramente considero a importância do respeito às diferenças, podendo ser intolerante em algumas situações.

b) Tento ser mais consciente, mas às vezes posso entrar em debates acalorados.

c) Eu sou consciente e intencional em respeitar as diferenças e buscar o entendimento mútuo.

d) Busco ativamente promover a empatia e o respeito, valorizando a diversidade de opiniões.

Limites e Privacidade:

Eu estabeleço limites claros em relação à minha privacidade e respeito os limites dos outros no ambiente digital.

a) Raramente considero a importância dos limites e da privacidade, compartilhando informações pessoais sem pensar.

b) Tento ser mais consciente, mas às vezes me envolvo em situações que comprometem minha privacidade ou a dos outros.

c) Eu sou consciente e intencional em estabelecer limites saudáveis e respeitar a privacidade de todos.

d) Sou altamente consciente e protetor(a) da minha privacidade e da privacidade dos outros no ambiente digital.

Comunicação Empática:

Eu pratico a empatia e o cuidado ao me comunicar com outras pessoas, mostrando compreensão e apoio quando necessário.

a) Raramente me preocupo em ser

empático(a) em minhas comunicações, podendo parecer insensível.

b) Tento ser mais empático(a), mas nem sempre sou capaz de demonstrar compreensão genuína.

c) Eu sou consciente e intencional em praticar a empatia na maioria das minhas interações online.

d) Busco ativamente ser uma fonte de apoio e compreensão, oferecendo empatia e cuidado em minhas comunicações.

Conflitos e Resolução:

Eu lido com conflitos no ambiente digital de maneira construtiva, buscando resolver mal-entendidos de forma respeitosa.

a) Raramente me envolvo em conflitos ou evito resolver mal-entendidos.

b) Tento lidar com conflitos, mas nem sempre sou capaz de abordá-los de forma construtiva.

c) Eu sou consciente e intencional em lidar com conflitos de maneira respeitosa e buscar soluções pacíficas.

d) Sou altamente habilidoso(a) em resolver conflitos e promover a compreensão mútua no ambiente digital.

Após responder a essas perguntas e atribuir uma pontuação a cada uma delas, some os pontos e avalie seu cultivo de relacionamentos digitais saudáveis:

a: 0 pontos

b: 1 ponto

c: 2 pontos

d: 3 pontos

Some os pontos e avalie seu cultivo de relacionamentos digitais saudáveis:

0 a 5 pontos: Há oportunidades significativas de melhorar o cultivo de

relacionamentos saudáveis no ambiente digital. Identifique áreas específicas em que você pode trabalhar para desenvolver interações mais autênticas e empáticas.

6 a 10 pontos: Você está no caminho certo, mas ainda há espaço para aprimorar o cultivo de relacionamentos digitais saudáveis. Continue focando e praticando comportamentos que fortaleçam seus laços no mundo online.

11 a 15 pontos: Parabéns! Você demonstrou um alto nível de habilidade em cultivar relacionamentos digitais saudáveis. Continue aplicando essa abordagem empática e autêntica em todas as suas interações online.

CONCLUSÃO

Nesta emocionante jornada, exploramos os mistérios da Revolução Quântica e como ela impacta nossa percepção de realidade. Compreendemos que a busca por métricas e compreensão dessa nova realidade é essencial para uma evolução consciente e positiva.

Ao adentrarmos no universo do Sincronismo Universal, descobrimos a profunda interconexão entre a mente e o cosmos. Exploramos as bases quânticas dessa teoria, como a decoerência e a sincronicidade, que nos ensinam a cocriar nossa própria realidade.

Nunca foi tão crucial compreender e aplicar os princípios do Sincronismo Universal na era digital. Enfrentamos uma avalanche de informações e desafios tecnológicos diários, e é nesse cenário que o Sincronismo Universal se destaca como uma bússola para navegar em águas complexas.

Ao internalizarmos os conceitos deste livro, ganhamos ferramentas valiosas para lidar com os desafios da era digital. A expansão da consciência nos possibilita transcender limites, enquanto o cultivo de autenticidade, resiliência e empatia digital nos torna agentes positivos de mudança.

Convido cada leitor a fazer uma pausa neste momento frenético da vida digital e refletir sobre suas atitudes e escolhas. Olhemos para nossas interações nas redes sociais, para o impacto que causamos e recebemos. Como estamos administrando nosso equilíbrio digital e nossa saúde mental?

Que esse convite à reflexão seja uma semente para a mudança. Encorajo cada um a aplicar os ensinamentos deste livro e trilhar uma jornada de crescimento e autodescoberta na era digital.

No cerne do Sincronismo Universal,

encontramos esperança e inspiração. Somos cocriadores da realidade, conectados por fios invisíveis que transcendem o mundo digital. Podemos impactar positivamente nossa própria vida e a de outros, propagando uma onda de mudança significativa.

Confie no poder transformador do Sincronismo Universal. Não há limites para a expansão da consciência, e juntos, podemos moldar um futuro mais harmonioso e conectado.

Agradecimentos:

Aos nossos familiares, amigos e mentores, expressamos nossa profunda gratidão por apoiarem e inspirarem este projeto. Sem o seu encorajamento, dedicação e amor, este livro não seria possível.

E, por fim, aos leitores que dedicaram seu tempo à leitura desta obra, nosso mais sincero agradecimento. Esperamos que tenham sido tocados pelas ideias apresentadas e que levem consigo os princípios do Sincronismo Universal em suas jornadas

Biografia da Autora:

Katia Doria Fonseca Vasconcelos é uma profissional multifacetada, apaixonada pelo equilíbrio entre tecnologia, desenvolvimento pessoal e qualidade de vida. Com formação em Análise de Sistemas e sólida experiência na área de Tecnologia da Informação (TI), Katia se destaca como uma visionária do universo digital e da aplicação da Sincronismo Universal na era digital.

Desde o início de sua carreira, Katia compreendeu a importância de aprimorar o comportamento humano e a qualidade de vida, além do conhecimento técnico. Sua trajetória profissional e sua busca incessante por novas possibilidades levaram-na a explorar a profunda interconexão entre a mente e o universo, e como isso se aplica ao mundo digital.

Como autora do livro " Sincronismo Universal na Era Digital", Katia mergulha os leitores em uma jornada de descoberta sobre como os princípios do Sincronismo Universal podem ser aplicados no contexto da era digital. Seu livro aborda temas relevantes, como a consciência interconectada, a autenticidade digital, a resiliência no ambiente virtual e o cultivo de relacionamentos digitais saudáveis.

Com uma narrativa envolvente, Katia destaca a importância de compreender e aplicar esses princípios na era digital para melhorar nossa experiência e bem-estar nesse ambiente cada vez mais interconectado. O livro é um convite à reflexão, incentivando os leitores a refletirem sobre suas próprias atitudes e comportamentos em relação à tecnologia, e a implementarem práticas conscientes para uma experiência mais positiva e significativa no mundo digital.

Como uma voz inspiradora, Katia compartilha sua sabedoria e visão transformadora, oferecendo uma mensagem de esperança para enfrentar os desafios da era digital com equilíbrio, empatia e respeito. Seu trabalho reflete o compromisso em promover a conscientização digital e cultivar uma vida mais plena e conectada na intersecção entre a tecnologia e o bem-estar pessoal.

Com " Sincronismo Universal na Era Digital," Katia Doria Fonseca Vasconcelos solidifica-se como uma autora que busca desbravar novos horizontes, impactando positivamente a vida de seus leitores ao explorar a sincronicidade e a harmonia entre o mundo digital e a essência humana.